अधूरे ख्वाबों की मुक्कमल किताब

COMPLETE BOOK OF INCOMPLETE DREAMS

रिम्पी चौबे

Made with ♥ on the Notion Press Platform
www.notionpress.com

क्रम-सूची

भूमिका

"अधूरे ख्वाबों की मुक्कमल किताब " के नाम से अपनी कविताओं का संग्रह हिंदी जगत के समक्ष रखते हुए मुझे अत्यधिक प्रसन्नता का अनुभव हो रहा है! क्यूँकि सारी कविताएँ मेरे जीवन से जुड़ी हुई है ! मैंने जो अपने या अन्य किसी के जीवन के माध्यम से जो भी अनुभव किया वो सभी कविताओं के माध्यम से आपके समक्ष रखा है!

अंतर्मन में उपजे जज्बातों को मैंने कविताओं के माध्यम से प्रस्तुत किया है ! ये कभी नही सोचा था कि जो मैं आज लिख रही हूँ,उसे कभी पुस्तक के रूप में आपके सामने भी रखूंगी ! हिंदी में रुचि होने और कविताओं के शौक ने आज यहाँ तक मुझे पहुँचा दिया है !

प्रिय पाठकों,मुझे उम्मीद है आपको मेरे द्वारा रचित कविताएँ प्रफुल्लित करेंगी और पसंद आएगी! इसी आशा से ये पुस्तक मैं आपके समक्ष प्रस्तुत करती हूँ!

16 नवम्बर 2022

रिम्पीचौबे

भरतपुर

1. प्रेम

नैन नाय सोये थारी याद में है रोये बहुत!
नींद अंखियन सु म्हारी तूने यूं चुराय लई!
काहे को सुकून प्रेम कष्ट की डगरिया है!
याद में तिहारी मैं तो सारो कुछ भुलाय गई!
कछु नाय बचो मेरे पास मेरो आज बलम!
तन,मन,धन मैं थारी प्रीत में लुटाय गई!
आवत सुकून थारी याद में घणों-ऐ-सजन!
याद थारी मन सु म्हारे दर्द यूँ बिसराय गई!
पुष्प की सुगंध लागे कंटको की राह प्रेम!
जान के भी जान मैं तो प्रेम पंथ आए गई!
आज लागे प्रेम म्हाने सावन की बादरी सी!
स्वाति नक्षत्र में जैसे सीपी मोती पाय गई!
प्रीत थारी प्रीतम,ठण्डी चंदन बयार बन!
म्हारे अंग-अंग में सुगंध महकाय गई!
जाणों घणी दूर थारे संग प्रेम पंथ म्हाने!
हर सांस नाम आज थारे लिखवाय दई!!

2. मोहब्बत

शाम आज बुझी-बुझी सी लगती है,
रोशनी भी फीकी-फीकी सी लगती है!
डर के साथ रोने का भी मन बहुत है,
आँखों में भी आँसुओं की कमी-सी लगती है!
क्या करते गर तुम ना होते जिंदगी में,
बिना तेरे जिंदगी ना जिंदगी सी लगती है!
तुझे खोने का डर दिल से जाता ही नही,
इस दर्द से सांसे रुकी-रुकी सी लगती है!
जब भी ये ख्याल दिल में आता है मेरे,
तब अपनी जिंदगी ही मुझे अजनबी सी लगती है!
हर रात तुझे पाने के ख्वाब में निकल जाती है,
हर अदा मुझे मेरी एक तरकीब-सी लगती है!
पाना है तुझे,पा लेंगे एक दिन...
क्यूँकि मोहब्बत आजकल मोहब्बत नही,
मेरी दीवानगी सी लगती है!!

3. मेरे हो तुम

आज लव,कल कब??
ये कोई जज्बात थोड़े ही है!!
तेरा इश्क़ तो रोशनी की तरह है,
कोई अंधेरी रात थोड़े ही है!!
मेरे थे,मेरे हो...
और मेरे ही रहोगे ता-उम्र तुम,
बांट दूँ सभी में तुमको,
प्रसाद थोड़े ही है!!

4. अगर कोई पूछे

अगर कोई पूछे पता मेरा तुमसे,
तुम्हारी नजर को ठिकाना बताना!
तेरी बातों को लफ़्ज मेरे,
तेरी शरारतों को ख्वाईश मेरी,
और दिल को तुम्हारे मेरा घर बताना!!
अगर कोई पूछे सुकूँ मेरा तुमसे,
दीदार को तुम्हारे सुकूँ मेरा बताना !
तुम्हारी मुस्कुराहट को मिजाज मेरा
तुम्हारे गुस्से को तेवर मेरा,
और साथ को तुम्हारे मेरी जिंदगी बताना!!

5. चाँद कहाँ रहते हो तुम

एक अर्से से आसमाँ में मातम सा छाया हुआ है,
बस दूर तक फैला अंधेरा और एक गहरी उदासी है!
ना उमंग ना उल्लास,वर्षों से हृदय में अमावस्या का वास,
मिलन की आस मे जैसे कोई प्रेमिका वर्षों की प्यासी है!!
जैसे विरह मैं किसी प्रेमिका का श्रृंगार बिखर जाता है,
वैसे ही अँधेरे ने अपनी कालिमा को बिखरा दिया है!
जैसे प्रेमी के विरह पर प्रेमिका के हृदय की वेदना होती है,
वैसे ही आज आसमाँ भी विरह वेदना से त्रस्त हो चुका है!
कैसे समझेगा मन,कैसे मिटेगा तम,शायद जब मिलने को आओगे तुम,
रोशनी तो अनुगमन करे तब,पता चले कि चाँद कहाँ रहते हो तुम!!

6. तुम्हारे नाम की बिंदी

तुम्हारी प्रीत ने साजन,
मेरा श्रृंगार कर डाला !
तुम्हारे नाम ने चेहरे को,
मेरे लाल कर डाला !
तुम्हारे नाम की बिंदी
लगाकर घर से जो निकली,
मुहल्ला बोल बैठा ये,
हुस्न ने आज सरे-आम....
क्या बबाल कर डाला !!

7. चाहा भी नही चाहा भी

एक तरफा हो इश्क़ तो,
उसे पाया भी...नही पाया भी!
मिलेंगे कभी हम दोनों भी,
ये चाहा भी...नही चाहा भी!
इस एक तरफ के इश्क़ में,
सुकून भी मिलता रहा बहुत...
उसने याद किया नही,
मैनें उसे भुलाया भी...नही भुलाया भी!!

8. दिल में छुपाकर रखा

जिसे मैंने अपने दिल में छुपाकर रखा,
उसी के हाथ में था खंजर रखा!!
वो धीरे-धीरे दिल को घाव दे रहे थे,
हमने भी उपरवाले के सामने अपना सब्र रखा!!
सुना है दिल किसी का दुखाना नही चाहिए,
यहाँ हर अपने ने दिल पर एक जख्म रखा!!
मैंने जिस-जिसको हद से ज्यादा अपना माना,
हर उस सख्श ने मुझसे मतलब के लिए मतलब रखा!!
थक गयी अब झूठे दुनिया के तानों-बानों से,
या रब क्यूँ हर बार आजमाइश के लिए मुझे रखा!!

९. मेरे दुखों का अनुवाद ना हो सका

मैंने भी अपने दुःखों को,उसी भाषा में बांटा था!

जिसमें अक्सर सभी अपना दुखडा रोते है!!

मेरे दुःखों का कौनसा स्वरूप अलग था,

मेरे दुखड़े भी वैसे थे,जैसे सबके होते है

फिर मुझे ना समझी का इल्जाम क्यूँ,

और उनको बरी किया सरे-आम क्यूँ??

सबके चेहरे देखे,सबको आजमाया है,

दिखा नही कोई जिसने सम्बल बंधाया है!!

सबको समझते-समझते,दिल गहरी नींद सो गया,

जैसे मृत्यु पर्यंत कोई धरती की गोद में दफन हो गया!

सबका दिल रखते रखते,मैं खत्म हो चुका!

पर आज तक मुझे अपना कहने वालों से,

मेरे दुःखों का अनुवाद ना हो सका!!

10. बेवजह कुछ भी नही

तेरा मुझे खोना मेरा तेरे लिए रोना!

तेरा मेरे साथ होकर भी मेरा ना होना!

मेरा हर दिन तेरे ख्वाबों के साथ सोना!

बेवजह कुछ भी नही हो रहा था यहाँ,

जिंदगी सिखा रही थी...सब्र की माला पिरोना!!

तेरा दर्द में होना,मेरा सोच में रोकर सोना!

खुद दर्द में रहकर तेरे गर्मों को धोना!

जैसे दर्द की देवी का हुआ हो कोई टोना!

पहले मिलाया हमको फिर फासले बढ़ा दिए,

किस्मत खेल रही थी हमसे... समझकर खिलौना!!

11. तीसरा शख्स

मैं तुम्हारी जिंदगी का खूबसूरत-सा वहम हूँ !
और जो सच है उसे तुम स्वीकार नही करते !!
तुम कहते हो उसे तुमसे इश्क़ नही है !
सच तो ये है की तुम उसकी दरकार नही करते !!
और मुझे तुम झूठे इश्क़ के धागों से बांधते हो !
एक सच ये भी है कि तुम मुझसे भी प्यार नही करते !!
मैं बस एक जरूरत हूँ,तुम्हारी झूठी दुनिया में !
तभी तुम सच्चा मुझसे कोई करार नही करते !!
मैं तुम्हारी जिंदगी का वो तीसरा शख्स हूँ !
जिसे तुम अपना तो कहते हो पर,
अपनों मे शुमार नही करते !!

12. देर से मिला हमको

है एक ही बात का
तुमसे गिला हमको,
क्यूँ एक अरसे बाद,
तेरा इश्क़ मिला हमको!
तेरी चाहत में किया है,
एक लम्बा इंतजार हमने,
फिर किस बात का दिया ऐसा,
तुमने सिला हमको!!
शिकवा कहो या शिकायत,
वो लाजमी है......हम करेंगे,
तुमको बताना होगा....
क्यूँ तू देर से मिला हमको??

13. अनकहे

मेरे अनकहे जज्बातों की,
तुम अधूरी सी दास्तां हो!!
गर सुन लिया तुमने तुमको मुझसे,
मगरूर ना हो जाओगे??
मैं देकर अल्फाज तुम्हें जाना,
पूरा तो एक पल में करदूँ!
पर चिर-स्मृति में तुम ही होंगे,
क्या ये वादा करके जाओगे??
ये दास्तां जो अधूरी है,
मेरे आत्मसुख की द्योतक है!
तुम छीन ना लोगे ये सुख मेरा,
इतना तो साथ निभाओगे??

14. जज्बात

मुझे अपने दिल के जज्बात कहना नही आया !

और उसे शायद अबतक समझना नही आया !!

वो कहते है कि मुझे,मुझसे ज्यादा जानते है !

फिर क्यूँ मेरे बेचैन दिल पर उन्हें तरस नही आया !!

एक अरसे बाद बेतहाशा चाहत हुई हमको !

और उनसे हुई,ये ख्याल क्यूँ उनको नही आया !!

जो कहते है तेरी आँखों की भाषा समझ जाता हूँ मैं !

मैंने दिल की किताब रखदी,और उन्हे पढ़ना नही आया !!

15. तुम्हारी बातों से

ना फ़िक्र ना जिक्र ना पहले सी मुलाकात है,

ना शिकवा ना शिकायत ना पहले-सी वो बात है,

ना राहत ना चाहत ना वो अपने से जज्बात है,

तुम दिमाग से निभा रहे हो...

शायद,दिल कही और लगा रहे हो,

जरूरत है नही मेरी,तुम्हारी बातों से लगता है!!

ना उल्फत वो ना हरकत वो ना वो भीगे से एहसास है

ना इंतजार ना ही खुमार ना पहले से हम साथ है

ना उत्सुकता ना व्याकुलता ना पहले से ख्यालात है,

तुम आजकल किसी और रस्ते जा रहे हो...

शायद मंजिल किसी और को बना रहे हो,

मैं अब बस बिता वक़्त सा हूँ,तुम्हारी अनदेखी से लगता है!!

16. इजहार तो करो

वो हा कहेगी या ना कहेगी??
हो सकता है की मुझपे गुस्सा भी करेगी
शायद अस्वीकार भी करदे,मेरे प्रेम निवेदन को
कही फिर ऐसा ना हो की कभी बात ही नही करेगी
मन को निकाल कर इन फिजूल ख्यालों से,
जाकर उससे आज बात तो करो।
यूँ किंतु परंतु में कही खो ना देना उसको,
जाओ,और अपने इश्क़ का इजहार तो करो।।

17. दिल भर गया

उसका फरेबी इश्क़ मेरे दिल से उतर गया!
जब इश्क़ इश्क़ करके वो फरेब कर गया!
जिसको पलकों पे सजाकर रखा था मैंने,
वो एक शख्श दिल को खाली घर कर गया!!
जिसे अजीज समझा,वो दगा कर गया।
मेरा इश्क़ जीने से पहले ही मर गया।
झूठी उम्मीदें अब बे-असर है मुझपे,
फिर से इश्क़ करूँ...ना जी ना,
एक दगा से मेरा,दिल भर गया।।

18. चाय

मेरे बस नजर के इशारे पर,
उसका खुशी से चले जाना!
थोड़ी चहक थोड़ी शरारात,
थोड़ी मोहब्बत उसमे मिलाना!
मुझे सोचते हुए उसका,
अपनी चाहत पर मुस्कुराना!
अदरक इलायची से ज्यादा,
प्यार का तड़का लगाना!
रोमांचित कर देता है.....
मेरी जानु का मेरे लिए....चाय बनाना!!

19. जो मैंने कह दिया

जो मैंने कह दिया,हाल अपने दिल का,

तुम भूल जाओगे,ख्याल अपने दिल का!

खामोशी ही बेहतर है,मुझे खामोश ही रहने दो...

वरना सुन नही पाओगे,सवाल दिल का!

अजी छोड़ो भी,और अपना रास्ता नापिये...

सह नही पाओगे तुम,बबाल दिल का!!

साथ मेरे होकर गैरों पर मरते हो,

दिल अपने झूठ से फिर मेरा रखते हो,

माना कि इश्क़ बे-इंतहा है तुमसे,

इसलिए हर बार सह जाते है!

पर अब दूर रहियेगा,और नजर ना आना हमको...

वरना हो जाएगा गुनाह कोई,और शायद मैं रुक ना पाऊं...

हर बार नही सुनूँगी मैं,ये झूठा ज्ञान दिल का !!

20. वो एक बात जो

वो एक बात जो
दुनिया को बतानी हैं!
प्यार से बंधा रिश्ता है अपना,
और प्यारी सी अपनी कहानी हैं!
कुछ लफ्ज तुम्हें भी कहने हैं,
कुछ बात तुम्हें भी बतानी हैं!
तुम सुकून में बैठें हो उधर,
इधर बैचैन तुम्हारी रानी हैं!
अब आ भी जाओं लेने हमको,
अब रस्म भी शेष निभानी हैं!!
क्यूंकि...सारी उम्र हमें साजन,
अब तुम्हारे साथ बितानी हैं!!

www.ingramcontent.com/pod-product-compliance
Lightning Source LLC
Chambersburg PA
CBHW021158130726
47988CB00004B/1672